왜 그런지 정말 궁금해요

# 발해를 왜 해동성국 이라고 했나요?

해동성국 발해에 대한 궁금증 48가지

송기호(서울대 국사학과 교수) 지음

다섯수레

**발해를 왜 해동성국이라고 했나요?**

처음 펴낸 날 | 2010년 3월 5일
다섯 번째 펴낸 날 | 2018년 2월 25일

글 | 송기호
그림 | 문종인

펴낸이 | 김태진
펴낸곳 | 다섯수레
주소 | 경기도 파주시 광인사길 193 (문발동) (우 10881)
전화 | (031)955-2611(파주 본사)
　　　(02)3142-6611(서울 사무소)
팩스 | (02)3142-6615
홈페이지 | www.daseossure.co.kr
등록번호 | 제3-213호
등록일자 | 1988년 10월 13일

인쇄 | 삼성문화인쇄(주)
제본 | (주)책다움

ⓒ 송기호 2010

ISBN 978-89-7478-290-0 74910
ISBN 978-89-7478-029-6(세트)

이 책을 쓴 송기호 선생님은 발해사가 일반인들에게 거의 알려지지 않았던 대학생 시절부터 발해사를 우리 역사 속에 올바르게 자리매김하는 작업에 힘을 쏟아 왔습니다. 현재 서울대학교 국사학과 교수로 계시면서 서울대학교 기록관장을 겸임하고 있습니다.《발해를 찾아서》《발해를 다시 본다》《동아시아의 역사 분쟁》《송기호 교수의 우리 역사 읽기》등을 쓰셨습니다.

그림을 그린 문종인 선생님은《코리아라는 이름은 어떻게 세계에 알려졌나요?》《고려는 어떻게 세계 최초로 금속 활자를 만들었나요?》《발해를 왜 해동성국이라고 했나요?》등에 그림을 그렸습니다.

사진 협조 | 전쟁기념관 외

이 도서의 국립중앙도서관 출판예정도서목록(CIP)은 서지정보유통지원시스템 홈페이지(http://seoji.nl.go.kr)와 국가자료공동목록시스템(http://www.nl.go.kr/kolisnet)에서 이용하실 수 있습니다.(CIP2010000581)

# 차례

4　발해는 어떤 나라인가요?

5　발해의 영역은 어디까지였나요?

5　발해가 있던 시대를 왜 '남북국 시대'라고 하나요?

6　상경성은 어떤 모습이었을까요?

7　발해의 도읍은 어디였나요?

8　중국을 공격했던 발해 왕은 누구인가요?

9　발해는 힘센 나라였나요?

9　발해를 왜 '해동성국'이라고 했나요?

10　발해 사람들도 성을 쌓았나요?

10　제일 북쪽에 있는 발해의 성은 어디인가요?

11　발해의 성은 어디에 남아 있나요?

12　발해는 어떤 나라들과 왕래했나요?

12　발해 학생들도 외국에 유학을 갔나요?

13　발해는 통일신라와도 교류했나요?

14　발해 사람들은 왜 일본에 자주 갔나요?

15　일본에도 발해 유물이 있나요?

15　일본에는 글씨가 새겨진 발해의 불상도 있나요?

16　발해에는 고유 문자가 있었나요?

16 발해의 문장과 시 중에 전해지는 것이 있나요?
17 발해에도 학교가 있었나요?
18 발해에는 어떤 종교가 있었나요?
18 발해의 절터는 어디에서 많이 발견되나요?
19 발해의 불교 유물에는 어떤 것이 있나요?
20 발해 문화의 특징은 무엇인가요?
20 발해 고유의 문화를 보여 주는 유물은 무엇인가요?
21 고구려의 영향을 받은 발해 유물은 어떤 것인가요?

22 발해 사람들은 어떤 그림을 남겼나요?
23 발해에 음악이 있었나요?
23 발해 사람들의 조각 솜씨를 볼 수 있는 유물도 있나요?
24 발해 사람들은 어떤 모습이었을까요?
24 발해 사람들도 노래와 춤을 좋아했나요?
25 발해에는 어떤 놀이가 있었나요?
26 발해 사람들도 쌀밥을 먹었나요?
27 발해 사람들은 어떤 집에 살았나요?
27 발해에도 온돌이 있었나요?
28 발해 사람들은 어떤 옷을 입었나요?
29 발해 사람들은 어떤 장신구를 했나요?

29 발해에서는 어떤 옷감을 생산했나요?
30 발해의 무덤은 어디에 많이 있나요?
30 발해사 연구에 중요한 자료가 된 무덤은 어디인가요?
31 발해의 문화를 알 수 있게 하는 무덤도 있나요?
32 발해는 왜 멸망했나요?
32 나라가 망한 후 발해 사람들은 어떻게 되었나요?
33 발해의 역사가 잘 알려지지 않은 이유는 무엇인가요?
33 발해의 역사를 처음 집필한 학자는 누구인가요?
34 유적과 유물이 왜 발해사 연구에 중요한가요?
35 발해는 우리나라 학자들만 연구하나요?
35 발해에 대해 공부하려면 어떻게 해야 하나요?

36 우리 역사상 가장 넓은 영토를 가졌던 해동성국 발해
40 찾아보기

# 발해는 어떤 나라인가요?

발해는 고구려 멸망 후 30년이 지난 698년에 고구려 장수 대조영이 세운 나라입니다. 대조영은 말갈족 출신으로 고구려에 들어와 살다가 고구려 장수가 된 사람이에요. 대조영은 고구려가 멸망하면서 다른 고구려 사람들과 함께 당나라 땅 영주로 강제 이주되었습니다. 한참 시간이 흐른 뒤에 이곳을 탈출하여 머나먼 동모산에 가서 성을 쌓고 발해를 세웠어요. 대조영은 스스로 고구려 후예로 생각했지요.

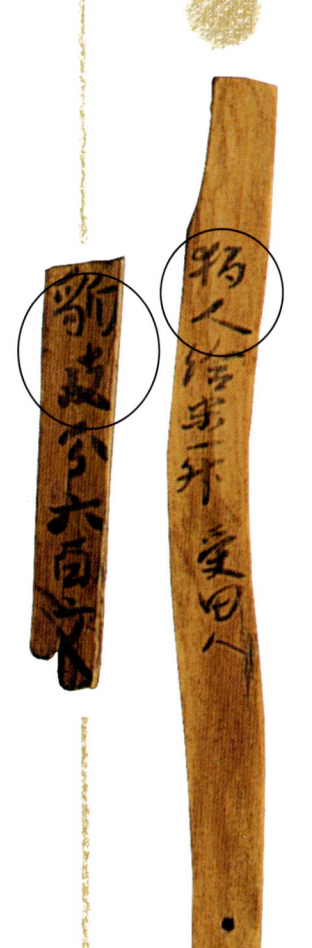

◀ **발해와 관련된 일본 목간**
일본에서 발굴된 이 목간에는 발해 사람을 고구려 사람이라는 뜻의 맥인(貊人)으로 썼지요(오른쪽). 다른 목간에는 발해의 특산물인 초피(貂皮, 담비 가죽)란 글씨가 쓰여 있네요.

▼ **남쪽의 성산자 마을에서 바라본 동모산**
동모산은 발해의 첫 도읍지로 중국 길림성 돈화시에 있어요. 현지에서는 이 산을 '성산자산'이라고 해요. 정상 부근을 휘감고 있는 성터 안에는 아직도 돌로 쌓은 우물이 원형대로 남아 있어요.

### 나라 이름이 왜 발해인가요?
발해는 처음에 나라 이름을 크게 떨친다는 뜻의 '진국'이라고 했는데, 당나라가 대조영을 발해군왕으로 임명한 것을 계기로 나라 이름을 '발해'라고 했어요. 발해라는 이름은 요동반도와 산동반도에 둘러싸인 발해만에서 유래된 말이에요.

▶ **당나라 사신 최흔이 새긴 글씨**
대조영 임명 당시에 당나라가 보낸 사신 최흔이 기념으로 돌에 새긴 글씨. 100년 전에 일본이 빼앗아 갔어요.

## 발해의 영역은 어디까지였나요?

발해는 우리 역사상 가장 넓은 영토를 가진 나라였습니다. 중국의 《신당서》라는 책에는 발해의 땅이 사방 5천 리라고 기록되어 있어요. 발해는 영토를 가장 크게 넓혔던 9세기에 동쪽으로 지금의 러시아 땅인 연해주까지, 북쪽으로 송화강 유역까지, 서쪽으로 요동반도까지, 남쪽으로 대동강과 원산만까지 세력이 미쳤어요. 이때 발해는 통일신라보다 4~5배, 대제국 고구려보다 두 배 가까이 넓은 땅을 차지하고 있었습니다.

## 발해가 있던 시대를 왜 '남북국 시대'라고 하나요?

고구려를 계승한 발해는 228년간 발전하다가 926년에 멸망하고 맙니다. 이 시기에 한반도 남쪽에는 통일신라가 있었지요. 통일신라는 발해를 북쪽 나라라는 뜻에서 '북국'이라고 불렀습니다. 지금 우리를 남한, 북쪽을 북한이라 부르는 것과 비슷하지요. 그래서 우리 역사에 통일신라와 발해가 함께 있던 시기를 '남북국 시대'라고 부릅니다.

《발해고》를 쓴 유득공은 머리말에서 "백제가 망하고 고구려가 망하자 신라가 그 남쪽을, 고구려를 이은 발해가 그 북쪽을 영역으로 하고 있으니 이것이 남북국이다."라고 밝혔어요.

## 상경성은 어떤 모습이었을까요?

가장 오랫동안 발해의 도읍이었던 상경성은 당시에 동아시아에서 두 번째로 큰 도시였어요. 756년 초에 문왕이 이곳에 도읍을 정하고 당나라 장안성을 본떠 세웠다고 합니다. 상경성은 바깥을 둘러싼 외성 안에 관청이 있는 황성, 왕이 사는 궁궐이 있는 궁성으로 나누어져 있었고, 성의 총 둘레는 16킬로미터가 넘었습니다. 10개의 성문이 있고, 그 안에는 11개의 도로가 가로 세로로 연결되어 도시 전체가 바둑판 모양을 이루고 있었지요.

▲ 상경성 제1궁전 터에서 발견된 용머리

이 용머리 돌조각은 궁전의 기단 석축 사이에 끼워져 석축을 튼튼하게 하고 기단을 장식하는 역할을 했어요. 머리 뒷부분으로 납작하게 붙은 귀, 짙은 눈썹, 툭 튀어나온 커다란 눈과 코, 귀밑까지 찢어진 큰 입에 날카로운 송곳니가 발해 궁전의 장엄한 기상을 보는 듯하지요.

◀ 상경성 제1궁전 회랑지 초석

이곳에는 궁전들이 있었고, 건물들은 회랑으로 연결되어 있었지요. 사람들이 이 회랑을 따라 오고 갔을 거예요.

# 발해의 도읍은 어디였나요?

발해는 넓은 영토를 다스리기 위해 5경(다섯 개의 도읍)을 두었습니다. 대조영이 처음 도읍지로 정한 동모산성은 산 위에 있어서 오래 살기는 어려웠습니다. 그래서 제2대 무왕은 중경으로, 제3대 문왕은 북쪽의 상경으로 도읍을 옮겼어요. 발해의 도읍은 그 후에도 동경을 거쳐 다시 상경으로 옮겨졌습니다. 그 외에 서경과 남경도 있었습니다. 상경, 중경, 서경, 동경은 만주 지역에 있고, 남경은 북한 땅에 있어요. 발해는 5경을 잇는 도로가 잘 발달되어 있었지요. 그리고 5경 아래에는 15부 62주를 두어 다스렸습니다.

▶ 상경성 오봉루 옆의 문 터
궁궐 안으로 들어가는 문이에요. 오른쪽이 서울 광화문처럼 높은 건물이 있던 오봉루 자리이고, 왼쪽이 궁성을 두른 남쪽 성벽이에요.

◀ 상경성에 남아 있는 발해 시대의 우물
상경성 제2궁전 옆에 돌로 쌓은 이 우물은 위가 팔각형을 이루고 아래는 원형을 이루고 있어요. 사람들이 '팔보유리정'이라 부르지요.

# 중국을 공격했던 발해 왕은 누구인가요?

대조영의 뒤를 이은 무왕은 적극적으로 영토를 넓혀 고구려와 부여의 옛 땅을 대부분 되찾았어요. 무왕은 732년에 장문휴의 군대를 보내 해로를 통해 당나라의 등주를 공격했어요. 우리나라에서 외국을 공격한 적은 거의 없어요. 당황한 당나라는 발해의 공격을 막아내려고 신라에게 발해의 남쪽을 치라고 요청했지만, 신라군은 추운 눈보라 때문에 큰 피해만 입고 물러날 수밖에 없었어요.

▲ 발해 무왕이 중국을 공격한 경로

▼ 당나라 군대와 싸우는 장문휴와 발해 군사들
732년 9월, 무왕은 장문휴 군대를 보내 바다를 건너 당나라의 등주를 공격하게 했어요.

▶ 발해 군사들이 쓰던 투구 모형
상경성 근처의 무덤에서 출토되었어요.

## 발해는 힘센 나라였나요?

발해는 황제의 나라였어요. 제3대 문왕은 당나라의 문물제도를 받아들여 통치 제도를 마련하고 유학과 불교를 일으켰어요. 그 결과 국력이 커지고 왕권이 강화되었지요. 문왕의 넷째 딸 정효공주의 무덤에서 발견된 묘지명에는 공주의 아버지를 '황상'이라 했어요. 그리고 문왕이 일본에 편지를 보내면서 하느님의 자손이라는 뜻으로 '천손'이라 하여 일본의 반발을 산 적도 있지요. 그뿐 아니라 발해는 황제만이 사용할 수 있는 '대흥' 같은 연호를 계속 사용한 나라였어요.

▲ 발해 왕릉에서 발굴된 새 날개 모양의 금관 장식

최근에 발해 무덤에서는 효의황후와 순목황후의 묘지석이 발굴되었지요. 황후는 황제의 부인이라는 뜻이니 발해가 황제국을 내세웠음을 알 수 있지요. 또 왕릉으로 보이는 무덤에서는 고구려 사람들이 사용했던 새 날개 모양의 금관 장식이 발굴되었어요.

▶ 하늘의 자손이라는 뜻인 '천손'이 새겨진 금동판

이 금동판은 함경남도 신포시 오매리 절골 유적에서 발굴되었어요. 이 금동판에는 '대왕'이 불탑을 세운 것과 관련된 내용이 113자나 새겨져 있는데, 여기에는 '천손'이라는 글자가 포함되어 있어요. 이 금동판은 고구려 시대에 만들어져 발해 시대까지 사용된 것이에요.

## 발해를 왜 '해동성국'이라고 했나요?

'해동성국'은 당나라 사람들이 발해에 붙여 준 이름이에요. '바다 동쪽에서 융성한 나라'라는 뜻이지요. 해동성국은 8세기에 발전해 9세기에 전성기를 누린 발해를 상징하는 말이 되었어요. 당나라는 외국 유학생들을 위해 빈공과라는 과거 시험을 두었는데, 여기에 합격한 발해 유학생이 10명 가까이 되었다고 해요. 이런 유학생들은 발해 문화를 꽃피우고 해동성국의 기상을 떨치는 밑거름이 되었어요.

▲《신당서》 발해전의 해동성국 기록

발해 학생들이 당나라로 유학을 갔으며, 당시 발해가 해동성국으로 불렸다는 사실이 기록되어 있어요.

# 발해 사람들도 성을 쌓았나요?

발해 사람들도 고구려 사람들처럼 산성을 쌓았어요. 산성은 외적을 방어하기에는 좋지만 사람들이 살기에는 너무 좁아서 평지에도 성을 쌓았지요. 발해의 산성은 고구려 방식을 따랐지만, 평지성은 당나라 방식을 따랐어요.

▶ **발해의 대표적인 평지성인 상경성의 외성 동벽**
흙으로 쌓은 성벽 위에 돌로 보강한 것이 보이지요.

# 제일 북쪽에 있는 발해의 성은 어디인가요?

북위 45도 가까이에 있는 연해주 지역의 마리야노프카 성터가 발해 유적 중에 제일 북쪽에 있어요. 이 성은 반쯤은 강물에 깎여 사라졌지만 나머지는 옛 모습이 잘 보존되어 있어요. 성벽은 5~7미터 정도의 높이이고, 북문과 동문이 그대로 남아 있어요. 성문을 에워싼 옹성과 성벽 중간에 불쑥 튀어나와 있는 치도 옛 모습을 보는 듯해요.

**옹성**은 성문을 보호하기 위해 성문 밖에 반원형이나 사각형으로 쌓은 시설이에요.

**치**는 성벽에 기어오르는 적을 공격하기 위해 성벽의 일부를 밖으로 내밀어 쌓은 시설이에요.

▼ **마리야노프카 성 발굴 현장의 필자와 샤프쿠노프 박사**
이 책의 저자는 1995년 7~9월에 러시아 팀과 공동으로 발굴 작업에 참여했어요. 왼쪽부터 정석배 교수, 러시아의 발해학자 샤프쿠노프 박사, 송기호 교수입니다.

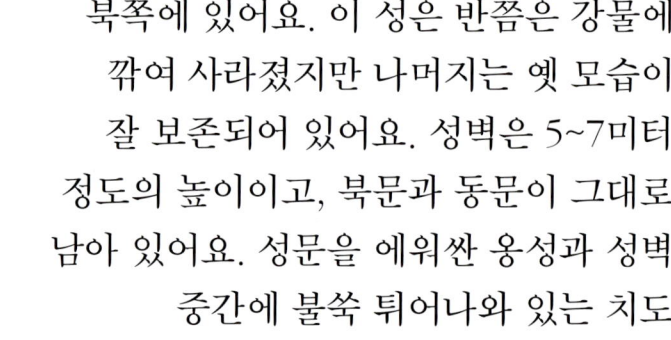

▲ **마리야노프카 성터에서 발굴된 유물**
짐승의 뼈에 새를 새긴 장식 등 마리야노프카 성터에서 나온 독특한 유물들은 발해 문화를 보여 주는 중요한 자료이지요.

# 발해의 성은 어디에 남아 있나요?

발해의 성터는 200개가 훨씬 넘지요. 지금의 만주와 연해주, 북한의 함경도 지역에 남아 있고, 주요 유적은 발해의 중심지였던 중국 땅에 몰려 있지요. 연해주에는 1천여 년 전의 모습이 잘 간직된 성터들이 많아요. 니콜라예프카 성터도 그중 하나예요.

▶ **니콜라예프카 성터에서 발굴된 부절**

바깥쪽  옆면  안쪽

부절은 두 조각으로 나누어 한쪽씩 가지고 있다가 훗날 징표로 삼은 물건이에요. 이 부절은 옆면에 '합동'이라는 글자의 왼쪽 절반이 새겨져 있어요. 다른 반쪽은 중앙 정부에 보관되어 있었을 거예요. 부절의 안쪽에 '좌효위장군 섭리계'라는 발해 장군의 이름이 새겨져 있어 니콜라예프카 성이 발해 시대의 성이라는 것을 확인시켜 주었지요.

▶ **니콜라예프카 성터 동문 밖의 해자**

외적의 침입을 막기 위해 성벽 밖에 파 놓았던 해자가 아직도 물이 담긴 채 남아 있어요.

▼ **하늘에서 바라본 니콜라예프카 성의 전체 모습**

니콜라예프카 성은 전체 모습이 사다리꼴에 가까운데 남벽은 좁고 북벽은 넓어요. 사진 왼쪽이 북쪽이에요. 성벽은 흙으로 쌓았는데 높이가 10미터나 되고, 기초 너비는 20~25미터나 되지요. 성문을 에워싼 옹성이 원형대로 보존되어 있고, 성벽 열두 곳에 치가 남아 있어요.

## 발해는 어떤 나라들과 왕래했나요?

발해는 추운 북쪽에 위치해 있었지만 외국으로 통하는 길이 다섯 개나 있었습니다. 이 길을 통해 사신들이 오가고 교역도 활발히 이루어졌어요. 당나라로 가는 길에는 바닷길과 육지길이 있었고, 그 밖에 신라로 가는 길, 거란으로 가는 길, 일본으로 가는 길이 있었습니다. 발해는 당나라와 가장 많이 왕래해 선진 문화를 받아들였지요. 그 다음으로 일본과 자주 왕래했어요. 발해는 담비 가죽, 말, 매, 철 같은 특산물을 수출하고 다른 나라의 특산물을 수입했습니다.

▲ 발해의 대외 교통로

## 발해 학생들도 외국에 유학을 갔나요?

발해에서는 여러 명의 학생이 당나라에 유학을 갔습니다. 당나라의 최고 학부였던 국자감에 입학해 '빈공과'에 합격한 학생들도 많아요. 이 시험에서 872년에 발해 유학생과 신라 유학생 사이에 수석 다툼이 벌어지기도 했지요. 수석 합격자를 선발하는 데도 출신 국가를 고려했다고 해요.

▲ 신라와 발해 학생의 경쟁을 보여 주는 《동문선》의 기록

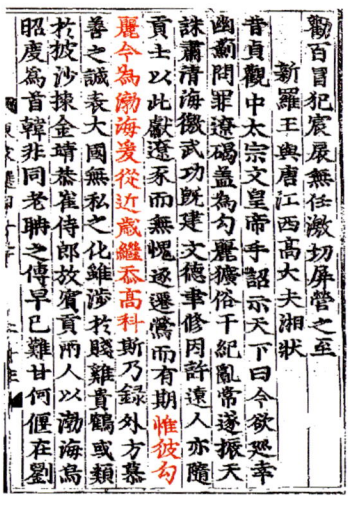

▲ 우수리스크 성터
중국에도 수출했던 발해 명마의 고향 솔빈부에 속한 우수리스크 성터는 지금은 성벽이 거의 허물어졌고, 해자 속에 집 몇 채가 지어져 있어요.

# 발해는 통일신라와도 교류했나요?

발해에 신라로 가는 길이 있었다는 것은 두 나라가 자주 왕래했다는 증거입니다. 기록에 남아 있는 구체적인 사례는 별로 없지만, 통일신라의 국경선에서 출발해 함경도 동해안을 따라 발해 동경 용원부까지 가는 길에 39개나 되는 역이 있어서 이 길을 따라 두 나라 사람들이 오갈 수 있었어요. 신라에서 발해에 사신을 두 번 파견한 기록이 《삼국사기》에 남아 있기도 해요. 발해는 국력이 강해지자 당나라로부터 신라보다 높은 대우를 받으려고도 했습니다. 그러나 당나라는 지금 국력이 세다고 자리를 바꿀 수는 없으니, 옛날 하던 대로 하라는 조치를 내렸지요.

▲ 금강산에서 내려다본 동해안
금강산에서 내려다본 동해안이에요. 이곳을 따라 신라도가 지나갔을 거예요.

▲ 발해 5경의 하나인 남경 남해부가 있던 북청 청해토성
이곳은 통일신라와 국경을 접한 발해의 거점 도시였습니다. 북한에서는 이곳을 발해 5경의 하나인 남경이라고 보고 있어요. 이곳에는 지금도 흙을 다져 쌓은 성벽이 남아 있어요. 성의 내부에서는 구들을 갖춘 건물 터와 연못, 우물이 발견되었고 기와, 토기, 철제 무기와 마구 등 발해 시대의 유물이 출토되었습니다.

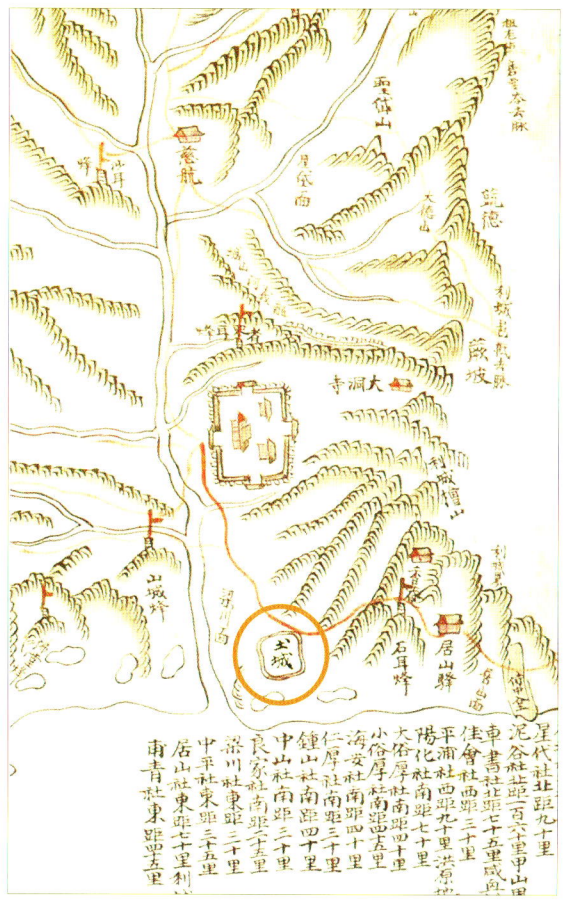

▲ 청해토성이 표시된 조선 시대 지도
바닷가에 토성(土城)이라고 쓰여 있는 곳이 청해토성이에요.

# 발해 사람들은 왜 일본에 자주 갔나요?

배를 타고 바다를 건너는 것은 목숨을 건 일이었지만, 발해 사람들은 일본에 자주 갔습니다. 발해 초기에 영토를 넓히다 보니 당나라나 신라, 흑수말갈과는 사이가 좋지 않아서 일본과 연합하려고 자주 가게 되었어요. 시간이 지나면서 발해 사람들은 점차 물건을 사고파는 교역에 더 관심을 가지게 되었지요. 발해는 일본에 35차례, 일본은 발해에 13차례 사신을 보냈어요. 발해 사신 왕신복이 일본의 도다이지라는 절에 가서 대불상에 예불했다는 일본의 역사 기록도 있습니다. 그리고 일본은 신라와 대립했을 때 발해를 통해 당나라와 교류했지요.

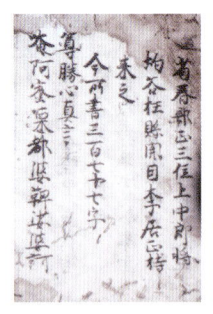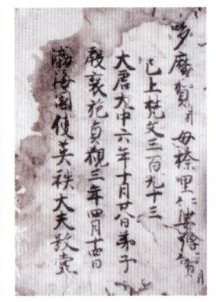

▲ **발해가 일본에 전한 다라니경**(이시야마테라 소장)
왼쪽 두 장에 발해 사신 이거정이 일본으로 다라니경을 가져온 사실이 적혀 있어요.

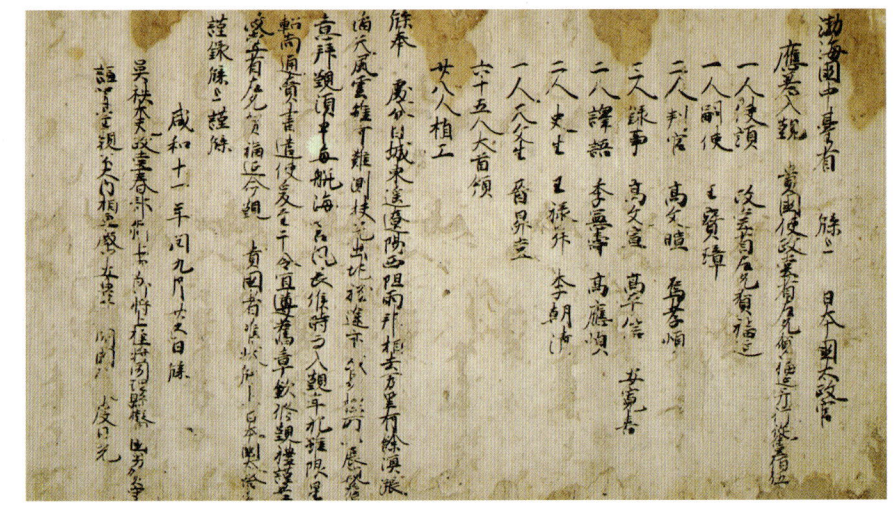

▲ **일본에 보낸 발해 중대성첩**
841년 발해 중대성에서 일본에 보낸 문서의 필사본이에요. 발해와 일본 사이에 오가던 외교 문서를 보여 주는 유일한 자료이지요. 당시에 일본에 간 발해의 사신 일행은 대사, 부사, 상급 관리, 서기, 통역, 하급 관리, 기상 관측자 등 모두 105명이었어요.

◀ **일본 노토 반도의 후쿠라 항구**
발해 사신이 도착하던 항구예요. 부서진 발해 배도 수선했던 곳인데, 지금은 시골의 한적한 항구가 되었지요.

## 일본에도 발해 유물이 있나요?

일본 유적에서 '발해사'라는 목간과 '견고려사'라는 목간이 발견되었어요. '발해사' 목간은 발해 사신이 처음 일본에 갔던 727년의 것으로, 나가야노오라는 일본 왕족이 나무판 앞뒤에 글씨도 연습하고 귀, 얼굴도 그려 본 것이에요. '교역'이라는 글자도 보이지요? 사신들이 외교 활동과 함께 교역 활동도 한 것을 알 수 있지요. 고려국에 보낸 사신이란 뜻인 '견고려사'가 적힌 목간에는 758년 발해 사신 양승경과 함께 귀국한 일본의 오노 다모리 일행을 특진시킨 사실이 적혀 있어요.

▲ '발해사' 목간(왼쪽)과 '견고려사' 목간(오른쪽)

'발해사'는 발해 사신을 뜻합니다. 발해사 목간에는 희미하게 '발해'와 '교역' 글자가 보입니다. '견고려사' 목간은 발해 문왕 때 고구려를 계승했다는 의미에서 나라 이름을 '고려'라 하여, 일본이 이것을 그대로 따른 것으로 보입니다.

## 일본에는 글씨가 새겨진 발해의 불상도 있나요?

834년에 만들어진 '함화 4년명 비상'이라는 불상에는 발해 허왕부의 관리였던 조문휴의 어머니가 이 불상을 만들었다는 명문이 새겨져 있어요. 허왕부의 우두머리인 허왕은 발해 왕 아래에 또 왕이 있었다는 것을 보여 주지요. 따라서 발해 왕은 황제 같은 지배자였어요. 이 밖에도 일본 곳곳에 발해 시대의 불상이 많이 남아 있어요. 그중에는 발해와의 교류를 통해 전해진 것도 있지만 일본인들이 만주를 지배하면서 직접 발해 유적지를 발굴해 가져간 것도 있어요.

◀ 일본 구라시키 시 오오하라 미술관에 전시되어 있는 함화 4년명 비상

발해사 연구에 중요한 자료가 되는 이 불상은 아미타불을 중심으로 양 옆에 가르침을 듣는 수행 승려가 서 있고, 그 옆에 다시 관음보살과 대세지보살이 서 있으며 그 아래에 93자의 명문이 새겨져 있어요. 명문 양옆에는 인왕상이 있고, 정면 맨 위에는 여의주를 움켜쥔 두 마리의 용이 장식되어 있어요. 이 불상의 높이는 64센티미터입니다.

## 발해에는 고유 문자가 있었나요?

당나라 책인 《구당서》의 발해 말갈전에는 "문자와 서기가 있다."는 기록이 있어요. 그리고 무슨 글자인지 알아내기 어려운 글자가 찍힌 발해 기와도 있어서 발해에 고유 문자가 있었을 것이라는 의견이 있지요. 하지만 지금까지 발해의 고유 문자가 쓰인 유물은 발견되지 않고 있어요. 일본에서 발해 사신에게 학생을 보내 발해 말을 배우게 한 기록은 있지만 사신들이 일본에 가서 시를 지을 때에도 한자를 썼고, 발해의 두 공주 묘지문을 봐도 평소에 한자를 쓴 듯해요.

▲ 상경성에서 출토된 글자 있는 전돌

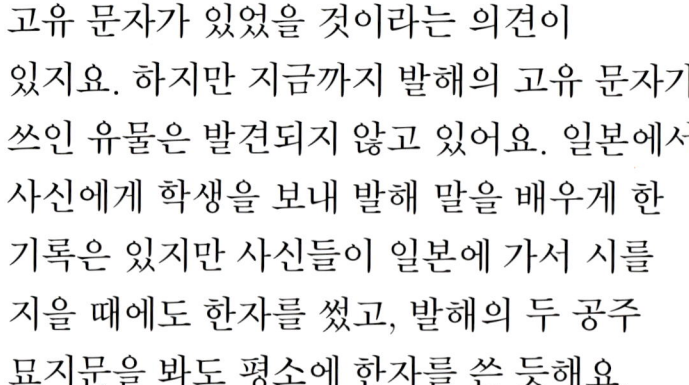

◀ 문자가 새겨져 있는 발해 기와
대부분 한자인데, 일부는 무슨 글자인지 알 수 없어요.

## 발해의 문장과 시 중에 전해지는 것이 있나요?

정혜공주와 정효공주의 묘지에는 수준 높은 문장이 능숙하게 표현되어 있습니다. 그 외에 발해 사람들이 쓴 문장은 주로 당나라와 일본에 보낸 외교 문서에 남아 있어요. 그리고 발해 관리들이 일본에 사신으로 갔을 때 그곳 사람들과 주고받은 시가 일본 기록에 남아 있습니다. 글을 잘 짓는 발해 사신을 접대하기 위해 일본에서는 문장 실력이 뛰어난 사람을 임시로 뽑기도 했지요. 현재 양태사, 왕효렴, 석인정, 석정소가 쓴 시 9수가 전해지고 있어요.

▲ 시를 잘 짓기로 유명했던 발해 사신 배정
일본에 간 발해 사신 중에는 '일곱 걸음 만에 시 한 수를 짓는 재주'를 지닌 배정이라는 사람이 있었어요.

# 발해에도 학교가 있었나요?

발해에는 나라를 이끌 인재를 기르기 위해 세운 주자감이 있었습니다. 주자감은 고구려의 태학, 당나라의 국자감 같은 중앙 교육 기관이었어요. 이곳에서 귀족 자제들에게 유교 경전을 가르쳤지요. 교육을 위해 당나라에서 유교 서적을 들여오고, 학생들을 당나라로 유학 보내기도 했습니다. 이와 같은 교육에 힘입어 발해 사회에는 유교가 깊숙이 들어와 있었어요. 중앙 행정 기구인 6부의 이름은 유교 덕목을 따서 충, 인, 의, 지, 예, 신으로 정했지요.

▲ **발해의 관리 그림이 새겨진 벼루**
상경성에서 나온 벼루 바닥에는 발해의 관리로 보이는 인물이 새겨져 있는데, 양쪽 끝이 어깨 위로 길게 드리워진 복두를 머리에 쓰고 있어요.

▶ **발해 지식인의 소양을 엿볼 수 있는 정혜공주 묘지 글**
정혜공주의 묘지에는 공주가 스승의 가르침을 받았으며 시와 글을 좋아하고 예법과 음악을 즐겼다고 기록되어 있어요. 신분이 높은 여성들도 이렇게 교육을 받았겠지요.

다음은 일본에 간 발해 사신 양태사가 다듬이 소리를 듣고 고국의 부인을 생각하며 지은 시의 일부입니다.

## 밤에 다듬이 소리를 들으며

서리 기운 가득한 하늘에 달빛 비치니 은하수도 밝은데
나그네 돌아갈 일 생각하니 감회가 새롭네
홀로 앉아 지새는 긴긴 밤 근심에 젖어 마음 아픈데
홀연히 들리누나 이웃집 아낙네 다듬이질 소리
바람결에 그 소리 끊기는 듯 이어지는 듯
밤 깊어 별빛 기우는데 잠시도 쉬지 않네
나라 떠나온 뒤로 아무 소리 듣지 못하더니
이제 타향에서 고향 소리 듣는구나

## 발해에는 어떤 종교가 있었나요?

발해는 불교의 나라였어요. 발해의 유적에서 절터와 불상이 많이 발견되는 것으로 알 수 있지요. 왕실과 귀족들은 불교를 많이 믿었지만, 백성들은 무당도 믿었을 거예요. 발해의 절터에서는 십자가도 발견되었는데, 이것으로 '경교'라는 서양 기독교도 들어와 있었다는 것을 알 수 있습니다. 발해가 멸망한 후 발해 불교의 전통은 요동 지방으로 옮겨져 금나라 황실에 불교를 전하는 데 큰 역할을 했어요.

▲ **십자가를 목에 걸고 있는 부처**
이 불상은 동경 용원부가 있던 중국 길림성 훈춘시에서 출토되었어요.

◀ **상경성에서 출토된 사유관음입상**
이 불상은 서 있는 자세로 생각에 잠긴 독특한 모습으로 주목 받고 있어요.

## 발해의 절터는 어디에서 많이 발견되나요?

발해 시대의 절터는 지금까지 40곳 이상 발견되었습니다. 절터는 대부분 통치의 중심지였던 상경, 동경, 중경, 남경 부근에 집중되어 있어요. 첫 도읍지였던 돈화 부근에서는 한 곳만 발견되었지요. 발해의 불교는 제3대 문왕 시기에 이르러 발전했기 때문이에요. 원래 고구려 영역이었던 중경, 동경 지역에서는 고구려의 불교가 이어진 것을 보여 주는 이불병좌상 같은 유물들이 나왔어요.

◀ **이불병좌상**
두 본존은 겹친 꽃무늬의 두광을 하고 있는데 한쪽은 바깥쪽에 두 줄의 테두리가, 다른 한쪽은 안쪽에 한 줄의 테두리가 있어요. 법화경에 근거한 석가와 다보의 두 부처를 나란히 앉힌 불상이라고 해요. 연꽃에서 다시 태어나는 동자상을 광배에 양각한 것도 특이하지요. 왼쪽 부처의 손을 오른쪽 부처의 왼손 위에 다정하게 올려놓은 방식도 특이해요.

# 발해의 불교 유물에는 어떤 것이 있나요?

▲ 상경성에서 출토된 금불(왼쪽)과 금동불(오른쪽)

발해의 불교 유물로 가장 먼저 손꼽을 만한 것은 불상입니다. 지금까지 발견된 불상은 모두 1천 점 가까이 된다고 해요. 불상은 재료에 따라 석불, 철불, 금불, 금동불, 전불이 있어요. 그 가운데 전불은 틀에 찍어 내서 구워 만든 불상으로 상경성, 팔련성의 절터에서 많이 발견되었어요. 이러한 전불들은 아래에 못이 박혀 있던 구멍이 있어 원래 절 안의 벽에 천불(千佛) 형태로 끼워져 있었던 것을 알 수 있지요. 불상 말고도 연꽃을 새긴 유물과 탑도 있어요. 그리고 사리를 넣었던 사리함도 있어요.

▶ **상경성 절터에서 출토된 전불좌상**
이 불상은 틀에 찍어 내서 구운 소조불로, 결가부좌를 하고 연꽃 모양의 대좌에 앉아 있는데, 손은 옷자락에 감싸여 보이지 않아요. 법당의 벽면이나 불단에 조성했던 천불이었다고 생각되지요.

▼ **발해의 사리함**
발해 절터에서 사리함이 발견되었어요.

◀ **영광탑**
백두산에서 가까운 장백이라는 도시에 있는 이 5층탑은 높이가 15미터 가까이 됩니다. 발해 탑 중에 유일하게 제 모습으로 남아 있지요.

## 발해 문화의 특징은 무엇인가요?

발해는 다양한 문화가 함께 어울려 발달했습니다. 초기에 쌓은 산성이나 돌무덤, 불교는 고구려의 영향을 많이 받았어요. 그러나 8세기 중반 이후 평지성, 정치 제도, 벽돌무덤, 고분 벽화는 당나라의 영향을 받은 것입니다. 반면에 서민 문화는 말갈 문화가 중심이었어요. 그런가 하면 발해 사람들만의 고유한 문화도 나타났어요.

▶ **당나라의 영향을 받은 발해의 삼채**
삼채는 초록색, 황색, 백색 또는 초록색, 황색, 남색의 세 가지 빛깔을 띤 도자기를 말해요.

▶ **연해주에서 발굴된 덧띠무늬 항아리**
몸통이 홀쭉하고 어깨나 입술 부근에 덧무늬가 있는 것은 말갈 문화의 영향을 보여 줍니다.

▲ **상경성에서 출토된 용면와**
발해 건축 장식의 특색을 보여 주는 이 장식 기와는 귀신을 쫓는 사나운 모습을 하고 있지만, 통일신라의 용면와보다 덜 세련되고 덜 양식화된 모습이에요.

## 발해 고유의 문화를 보여 주는 유물은 무엇인가요?

무덤 위에 쌓은 무덤 탑은 발해 고유의 풍습을 보여 줍니다. 궁궐을 지을 때 기둥에 빗물이 새어드는 것을 막기 위해 기둥과 주춧돌이 만나는 부분에 도자기로 된 기둥 받침 장식을 씌웠는데, 이것도 발해의 궁궐에서만 볼 수 있어요. 발해에서만 발견된 독특한 용면와도 있지요.

▼ **발굴 당시의 기둥 받침 장식**

▲ **상경성에서 출토된 녹유 기둥 받침 장식 조각**
기둥 받침 장식에는 연꽃잎을 새기기도 하고 녹유를 바르기도 했어요.

# 고구려의 영향을 받은 발해 유물은 어떤 것인가요?

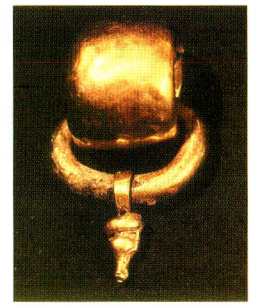

▲ 창덕 3호분에서 발견된 금귀고리
이 귀고리는 함경북도 화대군 정문리에 있는 창덕 3호분으로 이름 붙여진 발해 무덤에서 발견되었어요. 고구려 귀고리와 아주 비슷해요.

발해 초기의 유물에서는 고구려의 영향을 많이 찾아볼 수 있습니다. 특히 무늬가 뚜렷해 힘찬 느낌을 주는 연꽃무늬 수막새나 입이 벌어진 나팔모양 단지에서 고구려의 영향이 뚜렷이 나타납니다. 몸통을 둥그스름하게 입체적으로 만든 전불에서도 고구려의 영향이 느껴지지요.

▶ 고구려의 영향을 받은 나팔모양 발해 단지
입이 크게 벌어지고 가로띠 모양의 손잡이가 달린 나팔모양 단지는 고구려(왼쪽)에서 발해(오른쪽)로 이어졌어요.

고구려 단지　　발해 단지

▲ 발해의 연꽃무늬 수막새
발해의 연꽃무늬 수막새는 연꽃잎이 부드러운 하트 모양이고 그 수가 4~8개로 다양한 가운데 6개의 연꽃잎이 기본을 이루고 있는 특징이 있어요.

▶ 고구려의 수막새

▶ 둥글게 만든 발해 전불
중국과 일본의 전불이 납작한 모양인 데 비해, 흙으로 둥글게 구워 만든 발해의 전불은 고구려의 것을 닮았어요.

# 발해 사람들은 어떤 그림을 남겼나요?

지금까지 전해지는 발해의 그림은 대부분 고분 벽화입니다. 정효공주 무덤과 삼릉둔 2호 무덤에 그려진 벽화가 대표적이지요. 특히 정효공주 무덤에는 공주를 모시던 인물 12명이 그려져 있는데, 무덤을 지키는 무사, 관리 복장을 한 시종, 악기를 든 악사 등이 보여요. 이를 통해 발해 사람들의 모습을 짐작할 수 있지요. 삼릉둔 2호 무덤에서는 연꽃과 같은 꽃 그림이 발견되었어요. 최근에는 북한에 있는 발해 무덤에서도 벽화가 발견되었는데, 많이 부서진 상태여서 다리와 발만 확인되었어요. 꽃이나 천불도가 그려진 작은 벽화 파편이 상경성 절터에서 발견되기도 했습니다.

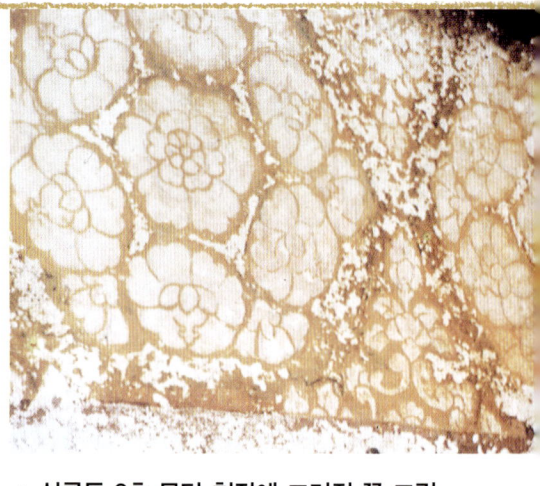

**▲ 삼릉둔 2호 무덤 천장에 그려진 꽃 그림**
천장 한가운데에 6개의 꽃잎이 세 겹으로 된 큰 꽃을 그리고, 그 둘레를 6개의 꽃잎이 두 겹으로 된 6송이의 꽃으로 싸서 아주 커다란 꽃다발을 이루고 있어요.

**▲ 정효공주 무덤 북쪽 벽에 그려진 시종**
이 사람이 왼쪽 허리에 찬 화살집의 중간에는 머리를 뒤로 돌리고 앞다리를 들면서 도망하는 황토색 사슴 한 마리가 그려져 있어 또 하나의 독립된 그림을 보여 줍니다.

**▶ 무덤 벽에 어떻게 그림을 그렸을까요?**
먼저 무덤 벽 위에 백회를 바르고 다시 석회 물을 칠한 다음 그 위에 그림을 그렸습니다. 먹으로 윤곽선을 그린 뒤 다홍색, 붉은색, 적갈색, 푸른색, 검은색, 녹색, 흰색으로 바탕색을 칠한 다음 다시 먹으로 그림을 완성했어요. 마지막으로 옷에 문양을 그려 넣었지요.

## 발해에 음악이 있었나요?

발해의 음악이나 악기는 지금 남아 있지 않습니다. 그러나 749년에 일본 도다이지에서 열린 법회에서 당나라 음악과 함께 발해 음악이 연주되었다는 기록이 있어요. 일본에서 발해 사신들을 접대할 때에도 발해 음악이 수시로 연주되었다고 합니다. 지금도 일본에서 연주되고 있는 무악곡 중에는 발해 음악이 변형되어 내려온 것이 있다고 해요. 그리고 정효공주 무덤에는 악기를 보자기에 싸서 들고 있는 세 명의 악사가 그려져 있어요.

◀ **정효공주 무덤에 그려진 악사**
이 사람이 들고 있는 악기는 갈색의 긴 자루가 나와 있고, 자루 위에 두 개의 매듭 끈이 늘어뜨려져 있어 '공후'라는 악기로 짐작됩니다.

## 발해 사람들의 조각 솜씨를 볼 수 있는 유물도 있나요?

상경성 2호 절터에 있는 거대한 석등은 발해 사람들의 뛰어난 조각 솜씨를 보여 주고 있어요. 기둥 돌 아래와 위에 뚜렷하게 새겨진 연꽃무늬는 발해 사람들의 힘찬 기상을 느끼게 합니다. 정혜공주 무덤에서 나온 두 마리의 돌사자 역시 발해의 조각품으로 손꼽힙니다. 입을 벌려 울부짖으며 앞발로 힘차게 버티고 앉은 모습이 매우 사실적으로 조각되어 있지요.

▲ **발해의 돌사자**
정혜공주 무덤에서 나온 돌사자는 당나라 것을 모방한 것입니다.

▶ **상경성 2호 절터에 있는 석등**
원래 높이는 6.4미터였지만 지금 높이는 6미터입니다. 이 석등의 덮개돌은 팔각지붕 모양을 잘 나타내고 있어요.

# 발해 사람들은 어떤 모습이었을까요?

발해 사람의 모습은 먼저 정효공주 무덤 벽화에서 만나 볼 수 있어요. 뺨이 둥글고 얼굴이 통통하며 건강미가 있는 모습이지요. 상경성에서 나온 벼루 바닥에는 갸름한 얼굴에 강직한 눈매, 굳게 다문 입이 근엄한 발해 관리를 보는 듯한 인물이 새겨져 있어요. 상경성에서는 삿갓 모양의 쓰개를 한 청동 기마 인물상도 나왔어요. 한편 연해주 크라스키노 성터에서 나온 청동상은 머리를 작은 리본으로 엮어서 양쪽에 두 개의 작은 상투를 틀고 있는데, 관복을 입은 발해 관리의 모습을 연상하게 합니다.

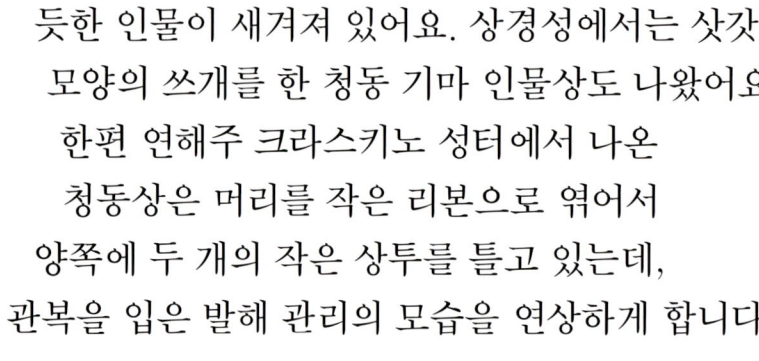

◀ **삿갓 모양의 쓰개를 한 청동 기마 인물상**
이 인물상은 아주 단순하게 표현되었지만, 말을 타고 넓은 초원을 달렸을 발해인의 일상을 보는 것 같지요.

▲ **보리소프카 절터에서 나온 불상**
찢어진 눈, 오뚝한 코, 두툼한 입술이 강한 인상을 주는 이 불상은 연해주에서 살던 발해 남성의 얼굴을 상상하게 합니다.

▶ **크라스키노 성터에서 발굴된 청동상**
관복으로 보이는 옷을 입고 손에는 서류 두루마리 같은 둥근 막대를 들고 있어서, 현지에서는 발해 관리의 모습으로 보고 있어요.

# 발해 사람들도 노래와 춤을 좋아했나요?

우리 민족은 옛날부터 춤과 노래를 좋아했습니다. 송나라의 기록에 다음과 같은 내용이 전해지고 있어요. "발해 풍속에 세시 때마다 사람들이 모여 노래를 부르며 논다. 노래와 춤을 잘하는 사람을 여러 명 앞에 세우고 그 뒤를 남녀가 따르면서 화답하고 노래 부르면서 빙빙 돌고 구르고 하는데 이를 답추라 한다." '답추'는 춤추고 노래 부르던 일종의 집단 무용이에요.

◀ 답추를 즐기는 발해 사람들

# 발해에는 어떤 놀이가 있었나요?

발해 사람들은 활쏘기, 타구, 격구 같은 놀이를 통해 용맹성을 길렀습니다. 발해의 유적에서는 화살촉이 많이 발견되는데, 이는 발해에서 사냥이나 군사 훈련을 많이 했다는 것을 알 수 있게 하지요.

타구는 원래 페르시아에서 당나라를 거쳐 발해에 전해진 것으로 생각됩니다. 발해 사신은 일본 왕 앞에서 이 경기를 해 보이기도 했고, 왕은 어느 편이 이길지 신하들과 내기를 걸기도 했어요. 일본에 사신으로 갔던 왕문구라는 사람이 822년 정월에 일본 왕 앞에서 직접 경기를 했다는 기록이 남아 있습니다.

▲ **발해 성터에서 출토된 철촉과 철제 창**

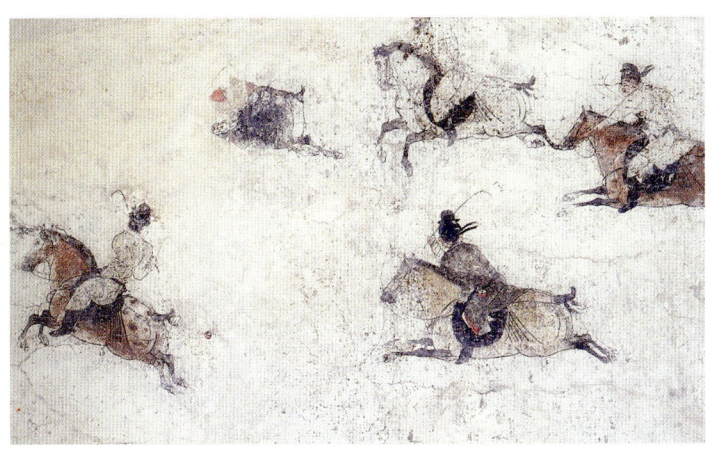

▲ **격구도**
중국 섬서성 건현 장회태자 무덤에 그려져 있는 이 그림은 발해의 타구를 연상하게 합니다.

일본 왕이 타구를 보고 지은 시가 전해집니다. 다음은 그 시의 일부입니다.

### 이른 봄에 타구 경기를 구경하고

화창한 봄날 이른 아침에 자욱한 안개 사라졌는데
사신들 때를 어길세라 앞마당을 나섰네
공중에서 휘두르는 곤봉, 초승달인 양 싶고
땅에서 굴러가는 공, 유성과도 같아라
요리조리 치고 막고 하면서 골문으로 돌진하는데
떼를 지어 달리는 말발굽 소리 천지를 진동하네
북소리 환호 소리 급하기도 하였건만
관중들 경기가 빨리 끝났다 아쉬워하네

▼ **타구를 하고 있는 발해 사람들**
발해 사람들은 타구를 하면서 용맹성을 기르고 신체를 단련했어요.

# 발해 사람들도 쌀밥을 먹었나요?

발해의 특산물에 '노성의 쌀'이 있었다는 기록이 있어요. 그러나 추워서 벼농사를 짓기가 쉽지 않아 발해 사람들은 조나 보리, 기장과 같은 잡곡을 주식으로 먹었을 거예요. 실제로 연해주에 있는 발해 성터에서 보리, 콩, 메밀 같은 잡곡과 이런 곡식을 갈았던 맷돌이 곳곳에서 발견되었어요. '책성부의 된장'도 특산물로 기록되어 있어서 발해 사람들도 된장을 담가 먹었던 것으로 짐작됩니다. 동쪽 바다에서 나오는 다시마, 게, 문어 같은 해산물도 먹었지요. 특히 발해에서 나는 게는 붉은색으로 크기가 큰 그릇만 하고 집게발이 크고 두텁기로 유명했다고 해요. 5월 단오에는 쑥떡을 해 먹었다고 합니다.

▲ 상경성에서 발견된 구름 모양의 발해 그릇

▲ 발해의 특산물이었던 붕어로 만든 요리

▲ 발해의 특산물

▶ 2008년 연해주 발해 집터에서 나온 토기 조각에 새겨진 노루

**발해의 특산물인 붕어가 잡힌 호수는 어디인가요?**

연해주 블라디보스토크에서 440킬로미터 떨어진 곳에 '흥개호'라는 커다란 호수가 있는데 발해 때에는 이 호수를 '미타호'라고 불렀어요. 최대 깊이가 10미터 정도밖에 안 되지만 그 일대에서는 가장 큰 호수이지요. 여기에서 잡히는 붕어는 발해의 특산물로 중국에까지 유명했어요. 이 호수에는 지금도 붕어가 잡히고 연꽃이 핀다고 해요.

◀ 눈 덮인 흥개호를 걸어 보는 사람들

## 발해 사람들은 어떤 집에 살았나요?

학자들은 발해 사람들이 기와집이나 초가집을 짓고 살았을 것으로 여기고 있어요. 발해의 주요 유적지에서 출토되는 주춧돌과 기둥 받침 장식, 기단을 장식했던 용머리 그리고 지붕을 장식했던 용면와, 치미, 암키와, 수키와는 화려하게 치장된 발해의 궁전이나 관청, 절을 상상하게 합니다. 궁궐 바닥에는 화려한 전돌도 깔았어요. 일반 백성들은 성 밖에서 정사각형 또는 직사각형의 지상식이나 반지하식 움집을 짓고 살았지요.

▲ 상경성 절터에서 발견된 발해 석등의 윗부분
이 석등은 덮개돌의 팔각지붕과 주심포 형식의 기둥 장식 등, 발해 기와 건물의 양식을 엿볼 수 있는 중요한 자료입니다.

▲ 상경성에서 출토된 치미
치미는 기와지붕 용마루 양쪽 끝을 장식하는 기와예요. 날카로운 부리를 연상하게 하는 강한 힘과 부드러운 꽃무늬의 우아한 장식미가 조화를 이루고 있어요.

▼ 문양이 새겨진 전돌
발해의 궁궐에는 지금의 보도블록처럼 전돌이 깔려 있었어요. 문양이 없는 것도 있고 연꽃 같은 문양이 새겨진 것도 있었지요.

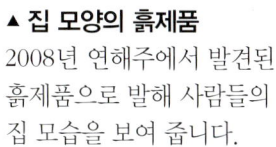

▲ 집 모양의 흙제품
2008년 연해주에서 발견된 흙제품으로 발해 사람들의 집 모습을 보여 줍니다.

▶ 발해의 수막새
발해 기와의 독특함은 하트 모양 연꽃무늬에 녹색 유약인 녹유를 입혀 구운 녹유 기와와 수막새에서 가장 돋보입니다.

▲ 발해의 암키와
이 암키와의 끝부분에는 손가락으로 누른 무늬가 있어요.

## 발해에도 온돌이 있었나요?

발해 사람들은 온돌을 사용했어요. 1~3개의 고래가 방 일부에 만들어져 있는 쪽구들이지요. 온돌은 북옥저에서 고구려로 전해지고 발해 사람들이 다시 계승한 것으로, 우리 민족의 고유한 전통으로 지금까지 이어지고 있어요.

▲ 상경성의 온돌 유적
왕이 잠을 자던 건물 터에서 온돌이 발견되었어요. 당시의 온돌은 지금과 달리 방 일부에만 고래를 만들었어요.

# 발해 사람들은 어떤 옷을 입었나요?

당나라와 문화 교류가 활발해지면서 발해의 관리나 귀족은 둥근 옷깃이 달린 원피스 모양의 단령이라는 옷을 입고 허리에 띠를 둘렀어요. 머리에는 복두를 썼지요. 이 옷은 당나라와 그 주변 나라에서 입던 옷과 비슷해요. 이러한 관복은 품계에 따라 자주색, 붉은색, 옅은 붉은색, 녹색으로 구분되어 있었지요.

▲ **고분 벽화 속에 보이는 발해의 옷**
함경북도 화대군 금성리에서 발견된 발해 고분 벽화의 일부입니다. 바지를 입고 검은 신발을 신고 있는 모습이에요.

▶ **정효공주 무덤 벽화에 보이는 발해의 옷**
문을 지키는 무사 두 사람은 투구를 쓰고 갑옷을 입었어요. 시위 두 사람은 상투를 높이 틀어 붉은색 말액을 쓰고, 단령포를 입고 검은 가죽신을 신었지요. 악사들과 시종들은 모두 복두를 쓰고 단령포를 입고 미투리를 신었어요.

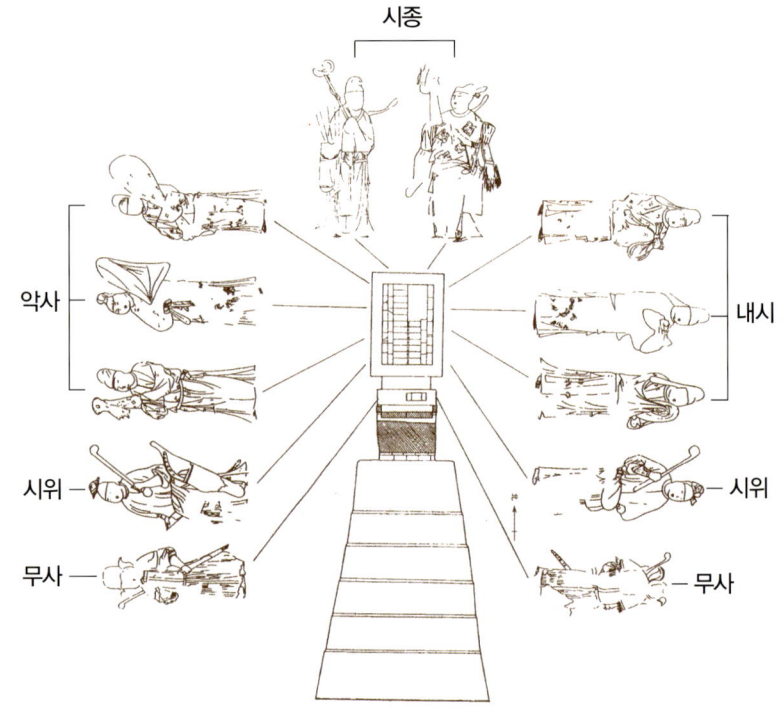

▼ **정효공주 무덤 벽에 그려진 다양한 옷차림의 발해 사람들**

# 발해 사람들은 어떤 장신구를 했나요?

발해는 금이나 은, 동을 재료로 한 금속 가공업이 발달했어요. 중국 길림성 화룡시 하남둔에서는 순금제 허리띠와 귀고리, 팔찌, 꽃무늬 장식이 발견되었는데, 특히 순금 세공품은 금 알갱이를 촘촘하게 붙인 기술이 뛰어나지요. 그 밖에 당나라로 조공 가던 길목에 있던 동청 고분에서 빗과 비녀가 머리에 장식된 상태 그대로 발견되었어요.

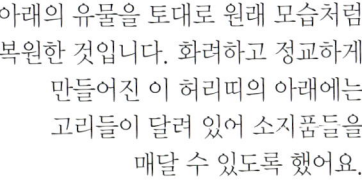

▲ 하남둔에서 출토된 허리띠를 복원한 모습
아래의 유물을 토대로 원래 모습처럼 복원한 것입니다. 화려하고 정교하게 만들어진 이 허리띠의 아래에는 고리들이 달려 있어 소지품들을 매달 수 있도록 했어요.

▲ 하남둔에서 출토된 순금제 허리띠
발해의 허리띠는 여러 곳에서 출토되었는데, 특히 하남둔에서 출토된 이 허리띠 장식은 금 알갱이를 촘촘하게 붙인 누금 수법이 뛰어납니다.

◀ 청동거울
보상화무늬를 이중으로 장식한 청동 거울 뒷면이에요.

◀ 꽃무늬 장식
가장자리에 금 알갱이를 촘촘히 붙여 꽃이 활짝 핀 모습을 표현했어요.

▲ 담비 가죽옷을 입고 뽐내는 발해 사신
일본에서는 발해 사신들이 가져간 담비 가죽옷을 무척 좋아했다고 합니다. 귀족들이 사치품으로 애용했거든요. 발해 사신 배구가 담비 가죽옷을 입고 자랑하자 일본 왕족이 초여름에 담비 가죽옷을 여덟 벌 입고 나타난 적도 있다고 해요.

# 발해에서는 어떤 옷감을 생산했나요?

발해의 옷감으로는 누에 실로 짠 비단이나 삼으로 짠 마포가 있었지요. 현주의 마포, 옥주의 면포, 용주의 명주가 외국에 알려질 정도로 유명했다고 합니다. 특히 용주는 북위 44도의 추운 지방이어서 뽕나무가 자라지 못하기 때문에 참나무 잎을 먹고 자란 누에에서 뽑은 실로 명주를 짰다고 해요. 그리고 담비 가죽을 비롯한 짐승 가죽도 옷감으로 이용되었어요.

## 발해의 무덤은 어디에 많이 있나요?

무덤은 발해를 연구하는 데 중요한 자료가 되고 있어요. 발해의 무덤은 만주 여러 지역에서 발견되지만, 발해의 행정 중심지였던 길림성 돈화시를 비롯해 상경성, 서고성, 팔련성 주변에 특히 많이 있어요. 북한에서도 함경도 일대에서 근래에 많은 무덤이 확인되었지요. 러시아 땅인 연해주에서도 무덤이 발견되기 시작하고 있어요. 무덤 재료에 따라 흙무덤, 돌무덤, 벽돌무덤으로 구분되며, 무덤 위에서 주춧돌이나 기와가 발견되는 것으로 보아 무덤 위에 건물을 세우는 풍습이 있었다는 것을 알 수 있지요.

▲ 돌을 벽돌처럼 다듬어 만든 삼릉둔 1호묘의 내부

## 발해사 연구에 중요한 자료가 된 무덤은 어디인가요?

중국 길림성 돈화시 부근의 육정산 고분군에서 1949년에 문왕의 둘째 딸 정혜공주의 무덤이 발견되었어요. 이 무덤의 묘지석에 "정혜공주는 738년에 태어나 777년에 40세로 죽어서 3년 뒤인 780년에 이곳에 묻혔다."는 기록이 있지요. 3년상을 치른 장례 풍습이나 돌방무덤 양식이 고구려의 전통을 따르고 있어요.

이 무덤이 발굴되면서 육정산 고분군과 짝을 이룬 성산자산성이 동모산이란 것이 확실해졌다고 해요.

◀ 표지석 하나로 남아 있는 정혜공주 무덤

# 발해의 문화를 알 수 있게 하는 무덤도 있나요?

중국의 길림성 화룡시 용두산 줄기에서 문왕의 넷째 딸 정효공주의 무덤이 1980년에 발견되었어요. 이 무덤은 당나라와 고구려 방식을 섞어 벽돌과 돌로 쌓았어요. 무덤 칸 벽면에는 생전에 공주를 모시던 시종과 무사, 악사 등 12명을 그린 인물 벽화가 있어 당시 발해 사람들의 얼굴과 생활 문화를 보여 줍니다.

▶ 정효공주 무덤 벽에 그려진 시위
갈색 단령포를 입은 이 사람은 허리에 검과 활을 차고 어깨에는 철퇴를 메고 있어요.

▲ 정효공주 무덤의 내부를 재현한 모습
정효공주 무덤이 발견될 당시 무덤 위에는 벽돌로 쌓은 탑이 있었어요. 탑은 부처의 사리를 모시는 곳이므로 불교적인 장례를 치른 것을 알 수 있다고 해요.

## 발해는 왜 멸망했나요?

발해는 이민족인 거란족의 침입을 당해 멸망했습니다. 10세기 초 발해의 서쪽에 있던 거란은 당나라가 혼란한 틈을 타 세력을 크게 키우고, 살기 좋은 중원(중국 황하 중류 지역)으로 들어가기 위해 당나라와 끊임없이 전쟁을 벌이게 되었어요. 이렇게 영토를 넓혀 가던 거란은 발해 내부에 문제가 생긴 틈을 타서 먼저 발해를 공격했어요. 발해는 거란과 싸우기도 전에 고려로 망명한 관리들이 있을 정도로 혼란스러웠어요. 그래서 발해는 거란이 쳐들어왔을 때 제대로 방어하지 못하고 금방 무너졌지요.

▲ **거란족의 본거지 시라무렌하**
10세기 초에 발해 서쪽에서 세력을 키운 거란족은 발해가 중원의 왕조와 연합하여 배후에서 공격할 것을 염려했어요. 그래서 거란 태조가 군사를 직접 이끌고 발해를 공격하여 926년에 항복을 받아 냈지요.

## 나라가 망한 후 발해 사람들은 어떻게 되었나요?

발해의 왕과 왕비는 거란 땅으로 끌려가는 굴욕을 당했습니다. 많은 백성이 거란으로 강제 이주를 당해 거기서 살게 되었지요. 발해 유민들은 거란의 지배에 불만을 품고 반란을 일으키기도 하고, 발해를 다시 세우려고 부흥 운동을 일으키기도 했어요. 이러한 움직임은 발해가 멸망한 지 200년 뒤까지 나타났지요. 한편 세자 대광현처럼 고려로 망명한 사람들도 많았어요.

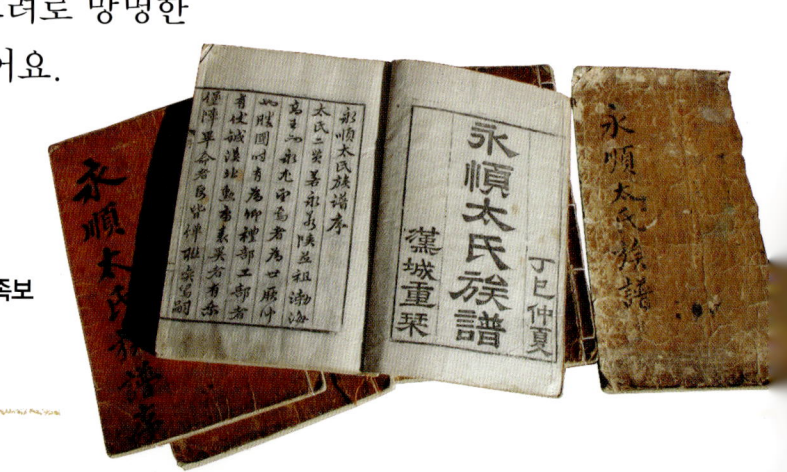

▲ **태씨 성을 가진 발해의 후손들**
발해의 세자였던 대광현을 비롯한 왕족이 고려로 들어왔는데, 이들이 태씨 성으로 불리게 되었어요. 그 후손들이 경상북도 경산 송백리에 모여 살면서 태씨 마을을 이루었지요.

▶ **영순 태씨 족보**

# 발해의 역사가 잘 알려지지 않은 이유는 무엇인가요?

발해는 우리 조상들이 세운 나라 가운데 영토가 가장 컸지만, 기록된 역사는 가장 적어요. 대부분의 역사책이 신라 중심으로 쓰였기 때문이지요. 고려 시대에 김부식이 《삼국사기》를 써서 삼국과 통일신라의 역사를 정리했지만, 발해의 역사는 빼놓고 말았어요. 고려는 삼국을 통일한 신라를 계승한다는 의식에서 발해 역사를 소홀히 여겼지요. 그러나 고려 후기에 지어진 《삼국유사》나 《제왕운기》 같은 책에는 발해 역사가 간략하게나마 쓰여 있고, 이후 조선 후기의 실학자들이 발해 역사에 본격적으로 주목했어요.

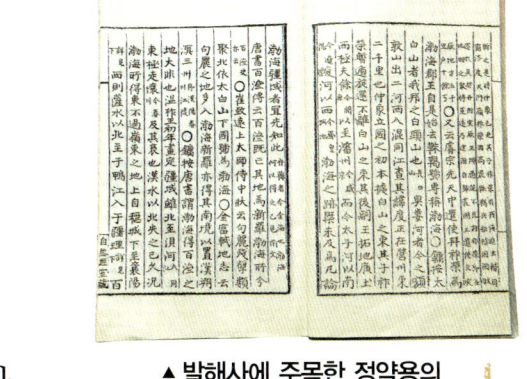
▲ 발해사에 주목한 정약용의 《아방강역고》

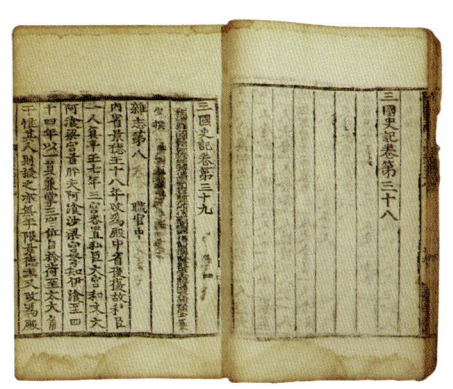
▲ 신라 중심으로 서술된 《삼국사기》

# 발해의 역사를 처음 집필한 학자는 누구인가요?

조선 후기의 실학자 유득공이 발해의 역사를 처음 썼어요. 유득공은 고려가 수많은 발해의 유민을 받아들이고 고구려에서 발해로 이어진 전통을 계속 이어 가려는 의지를 보였으면서도 발해의 역사를 정리하지 않은 것은 잘못된 일이라고 생각했어요. 그래서 유득공은 발해사를 되살리고자 노력해 《발해고》라는 책을 남겼어요. 이 책이 없었다면 발해사가 우리 역사에서 자리 잡지 못했을 수도 있겠지요.

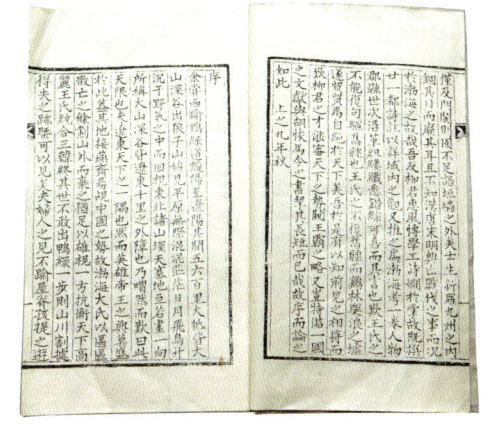
▲ 발해 역사를 처음으로 쓴 유득공의 《발해고》

### 《발해고》 서문

"…… 옛날에 고씨가 북쪽에 거주하여 고구려라 했고, 부여씨가 서남쪽에 거주하여 백제라 했으며, 박, 석, 김씨가 동남쪽에 거주하여 신라라 했으니 이것이 삼국으로 마땅히 삼국사가 있어야 했는데 고려가 이를 편찬했으니 옳은 일이다. 부여씨가 망하고 고씨가 망하자 김씨가 그 남쪽 땅을 영유했고 대씨가 그 북쪽을 영유하여 발해라 했으니, 이것이 남북국이라 부르는 것으로 마땅히 남북국사가 있어야 했음에도 고려가 이를 편찬하지 않은 것은 잘못된 일이다. ……"

# 유적과 유물이 왜 발해사 연구에 중요한가요?

발해가 갑자기 멸망하면서 발해 사람들이 남겼을 기록이 사라졌습니다. 단지 발해와 교류했던 당나라와 일본에 단편적인 기록이 남아 있을 뿐입니다. 그래서 연구자들은 발해 사람들이 남긴 유적과 유물을 통해 발해사를 찾아내고 있습니다. 특히 무덤에서 발견되는 묘지석에 새겨진 글은 발해 사람들이 직접 남긴 글이어서 중요한 자료가 되고 있어요. 또 사람의 손이 덜 닿은 연해주에는 지금도 발해의 성터들이 1천 년 전의 모습을 그대로 간직한 채 곳곳에 우뚝 서 있지요. 최근 우리나라 연구자들은 러시아 연구팀과 함께 연해주의 발해 유적지를 발굴하고 있어요.

▲ 연해주 발해 절터에서 발굴된 막새기와
이 막새기와에는 봉황새도 새겨져 있어요.

▲ 2008년 연해주 성터에서 수집된 토기에 새겨진 그림
발해 토기로 생각되는데, 강강수월래처럼 손을 잡고 춤추는 모습이 보입니다.

▼ 크라스키노 성터 발굴 현장의 연구자들
2008년 8월 발해 연구자들이 크라스키노 성터 발굴 현장을 살펴보고 있습니다.

## 발해는 우리나라 학자들만 연구하나요?

우리나라뿐만 아니라 발해의 땅이었던 중국, 북한, 러시아에서도 발해를 연구하고 있습니다. 또한 발해와 자주 왕래한 일본에서도 발해를 연구하지요. 실제로 일본에는 발해 유물이 많이 있어요. 발해에 대한 중국과 러시아의 주장은 우리 생각과는 아주 다릅니다. 중국은 발해가 말갈족이 세운 중국의 지방 정부였다고 하고, 러시아는 자기 나라 영역 안에 살던 소수 민족의 나라였다고 하고 있지요. 아무튼 우리 역사인 발해사는 국제적인 연구 분야가 되어 있어요.

▲ **하늘에서 바라본 크라스키노 성터**
둘레가 1.2킬로미터인 크라스키노 성터는 발해-일본 교역의 중심지로, 발해 시대에 일본으로 가는 해로의 출발지였다고 해요.

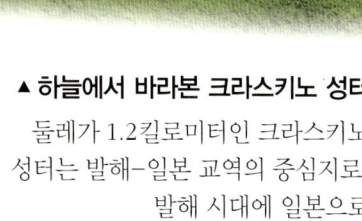

▶ **발해의 불판**
연해주 하산 지역에서 출토된 것으로, 발해의 기와지붕 모습을 엿볼 수 있어요.

## 발해에 대해 공부하려면 어떻게 해야 하나요?

발해의 땅이었던 북한, 중국, 러시아에는 유적이 남아 있지만 우리는 쉽게 찾아가기 어렵지요. 유적에서 발굴된 유물들도 여러 나라에 흩어져 있어요. 우리나라에서는 서울대학교박물관과 국립중앙박물관의 역사관 발해실에서 발해 사람들이 사용했던 생활 용품이나 불교 유물, 독특한 모양의 장식 기와, 발해 궁전의 기단을 받쳤던 용머리 같은 유물들을 보면서 발해 사람들의 힘찬 기상을 엿볼 수 있어요. 발해를 연구하는 학자들이 쓴 책을 통해서도 발해를 공부할 수 있지요.

▲ **여러 나라에서 간행된 발해사 연구서들**

# 우리 역사상 가장 넓은 영토를 가졌던
# 해동성국 발해

**상경성 궁궐을 복원해서 그린 그림**

### 발해는 고구려를 이은 나라였습니다

대조영은 고구려 멸망 이후 강제 이주되어 영주 땅에서 살다가, 동쪽으로 탈출하여 동모산에서 발해를 세웠습니다. 이처럼 발해는 고구려 사람들에 의해 시작되었고, 당나라와 맞서 싸우면서 세워진 나라이지요. 발해는 고구려가 멸망한 지 30년 뒤인 698년에 세워져 926년에 멸망하기까지 200년이 넘게 대동강을 경계로 신라와 남북으로 나누어 살면서 남북국 시대를 이루었습니다.

  9세기에 발해는 동쪽으로는 러시아의 연해주, 북쪽으로 송화강 유역, 서북쪽으로 요동반도, 남쪽으로는 대동강에서 원산만에 이른 사방 5천 리의 땅을 차지하여 우리나라 역사상 가장 넓은 영토를 가진 나라였습니다. 발해는 고조선에서 고구려로 이어진 북방 영토를 차지하고 고구려의 전통을 계승했다는 점에서 우리 역사에서 큰 의의를 갖습니다.

## 연대로 보는 발해사

| 연도 | 왕대 | 내용 |
|---|---|---|
| 698년 | 고왕 원년 | 대조영이 동모산에서 진국을 세우다. |
| 713년 | 고왕 16년 | 당나라 사신 최흔이 발해에 와서 대조영을 발해군왕으로, 아들 대무예를 계루군왕으로 책봉하다. 이로부터 국호를 발해라 하다. |
| 719년 | 고왕 22년 | 고왕이 죽다. |
| | 무왕 인안 원년 | 아들 대무예가 왕위에 오르다(무왕). |
| 726년 | 무왕 8년 | 무왕이 대문예와 임아에게 흑수말갈을 물리치게 하지만, 왕과의 불화로 대문예가 당나라로 망명하다. |
| 727년 | 무왕 9년 | 고인의를 일본에 사신으로 보내다(1차). 이로부터 일본과의 왕래가 시작되어 발해에서 35회, 일본에서 13회 사신을 파견하다. |
| 732년 | 무왕 14년 | 발해가 장문휴를 보내 당의 등주를 공격하다. |
| 733년 | 무왕 15년 | 당나라의 요청으로 신라가 발해의 남쪽을 공격하지만 성과 없이 물러나다. |
| 737년 | 무왕 19년 | 무왕이 죽다. |
| | 문왕 대흥 원년 | 아들 대흠무가 왕위에 오르다(문왕). |
| 759~778년 | 문왕 23년~보력 5년 | 이 기간에 일본에서 발해를 고려라 부르기도 했다. |
| 762년 | 문왕 26년 | 당나라에서 왕을 발해군왕에서 발해국왕으로 격을 올려 부르다. |
| 771년 | 문왕 35년 | 일만복을 일본에 사신으로 보내다(7차). 이때 가져간 국서에서 천손을 자칭하고 두 나라를 장인과 사위 관계로 규정하려 하다. |

## 발해는 황제의 나라였습니다

발해는 나라를 세운 후 빠르게 고구려의 옛 지역을 다시 찾았어요. 발해의 빠른 팽창은 이웃 나라들을 긴장하게 했지요. 2대 무왕은 대외로 힘을 뻗어 먼저 북쪽의 흑수말갈을 정복하고, 바닷길로 당나라 산동지방을 공격하여 그들과 맞섰습니다. 3대 문왕은 당나라의 선진 문물을 받아들여 문물제도를 정비하고 발해의 문화를 꽃피웠습니다.

발해 왕은 일본에 보낸 외교 문서에 스스로 '천손(하늘의 자손)'이라 하였고, 정효공주가 죽었을 때에는 "황상이 너무 슬퍼했다."라고 했어요. 황상은 황제를 가리키는 말이지요. 이를 통해 발해에서는 왕을 황제라고 부르기도 한 것을 알 수 있습니다. 발해의 중앙에는 왕 아래에 정당성, 선조성, 중대성의 3성이 있었고, 그 아래에 6부가 있었어요.

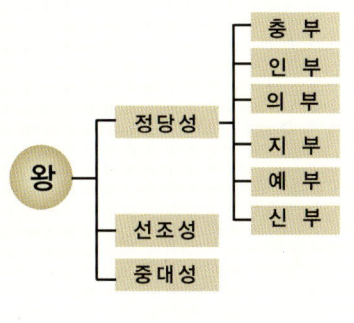

발해의 중앙 정치 조직

## 발해는 '해동성국'을 이룬 나라였습니다

발해는 전국에 5경 15부를 두어 성을 쌓고 행정의 중심으로 삼았습니다. 가장 오랫동안 수도였던 상경성에는 총 둘레 16킬로미터가 넘는 외성을 쌓았습니다. 상경성은 외성 안에 도로가 연결되어 바둑판 모양을 이루고, 궁성 안에는 다섯 채의 궁전이 자리 잡고 있었는데, 당시에 동아시아에서

| 774년 | 문왕 보력 원년 | 새로운 도약을 위해 연호를 '대흥'에서 '보력'으로 고치다. 나중에 다시 연호를 '대흥'으로 되돌리다. |
|---|---|---|
| 776년 | 보력 3년 | 사도몽을 일본에 사신으로 보내다(9차). 이때 그가 남해부 토호포에서 출발했다고 하여 처음으로 5경의 이름이 나타난다. |
| 777년 | 보력 4년 | 정혜공주(738~777)가 죽다. 780년 11월에 장례 지내다. |
| 792년 | 대흥 56년 | 정효공주(757~792)가 죽다. 그해 11월에 장례 지내다. 묘지문에 '황상'이라는 칭호가 보인다. 문왕의 존호가 대흥보력효감금륜성법대왕임이 확인되다. |
| 793년 | 대흥 57년 | 문왕이 죽다. 친척인 대원의가 왕위에 오르다. |
| 793년(?) | 대원의 원년 성왕 중흥 원년 | 대원의가 귀족들에게 피살되다. 대굉림의 아들인 대화여가 왕위에 오르다. |
| 794년 | | 성왕이 죽다. |
| | 강왕 정력 원년 | 문왕의 손자인 대숭린(강왕)이 왕위에 오르다. |
| 809년 | 강왕 16년 | 강왕이 죽다. |
| | 정왕 영덕 원년 | 아들 대원유(정왕)가 왕위에 오르다. |
| 812년 | 정왕 4년 | 정왕이 죽다. |
| | 희왕 주작 원년 | 동생 대언의(희왕)가 왕위에 오르다. 이해 9월에 신라가 숭정을 발해에 사신으로 파견하다. |
| 817년(?) | 희왕 6년(?) | 희왕이 죽다. |
| | 간왕 태시 원년 | 동생 대명충(간왕)이 왕위에 오르다. |

발해 명마의 고향 솔빈부에 속한 우수리스크 부근의 말

두 번째로 큰 도시였다고 합니다.

발해는 당나라와 교류하면서 유학을 장려했고 714년 발해 학생 여섯 명이 당나라의 국자감에 입학했다는 기록이 있습니다. 발해 유학생들은 당의 과거 시험인 빈공과에 우수한 성적으로 급제하는 등 신라의 유학생들과 실력을 겨룰 정도였어요. 이렇게 수입된 유학과 학문이 발해 사회를 이끌어 가는 데 커다란 역할을 했고, 사신들을 통해 들어오는 문물도 발해를 대제국으로 발전시켜 갔습니다. "이때에 이르러 마침내 해동성국이 되었다."라고 기록한 중국의 《신당서》 발해전처럼 발해는 9세기에 '해동성국'이라는 이름에 걸맞은 대제국이 되었습니다.

### 발해는 모피의 나라였습니다

발해는 당나라, 일본 등 이웃 나라와 무역을 활발히 했습니다. 발해의 수출품은 담비, 호랑이, 표범, 곰 등의 가죽, 인삼, 우황, 사향, 꿀 같은 약재, 마른 문어, 매, 말 등이었어요. 그리고 토끼, 해태, 된장, 사슴, 돼지, 말, 포(布), 명주, 철, 쌀, 붕어, 오얏, 배 등이 발해의 특산물로 외국에까지 알려졌습니다.

발해의 특산물 가운데 특히 모피가 유명했습니다. 지금도 만주에서 나는

| 818년 | 선왕 건흥 원년 | 간왕이 1년 만에 죽다. 친척이며 대야발의 4세손인 대인수가 왕위에 오르다. | 841년 | 함화 11년 | 하복연을 일본에 사신으로 보내다 (24차). 이때 보낸 중대성첩 사본이 일본에 남아 있다. |
|---|---|---|---|---|---|
| 818~820년 | | 신라 방면과 요동 방면을 공략하다. | 840년대 후반 이후 | | 발해 사람들이 당나라의 과거 시험인 빈공과에 급제하기 시작하다. |
| 830년 | 건흥 13년 | 선왕이 죽다. 손자인 대이진이 왕위에 오르다. | 857년 | 함화 27년 | 대이진이 죽다. 동생 대건황이 왕위에 오르다. |
| 831년 | 대이진 함화 원년 | 왕위에 오른 바로 다음해를 함화 원년으로 하다. | 859년 | 대건황 2년 | 발해 사신 오효신(26차)이 104인의 사절단을 거느리고 일본에 도착하다. 이때 전해진 장경선명력이 1684년까지 약 800년간 사용되다. |
| 832년 | 함화 2년 | 당나라 사신 왕종우가 귀국하여 발해에 좌우신책군, 좌우삼군, 120사를 둔 사실을 그림으로 그려서 보고하다. | 861년 | 대건황 4년 | 발해 사신 이거정(27차)이 일본에 불정존승다라니경을 전하여, 현재 이시야마테라에 남아 있다. |
| 834년 | 함화 4년 | 과거에 허왕부의 참군·기도위였던 조문휴의 어머니 이씨가 불상을 만들다 (함화 4년명 비상). | 871년 | 대건황 14년 | 대건황이 죽다. 대현석이 왕위에 오르다. |

담비는 중국에서 국가 보호 동물로 지정되어 있고, 자색 담비는 인삼, 녹용과 함께 만주의 3대 보물로 꼽힙니다. 그리고 일본 조정에서도 담비 가죽을 사치품으로 애용했다고 합니다.

### 발해는 멸망 후 200년이나 부흥 운동이 일어났습니다

10세기 초 발해는 귀족들의 권력 다툼이 심해져서 나라 안이 혼란스러웠습니다. 이런 틈을 타 동쪽으로 세력을 뻗어 온 거란의 침략을 받아 발해는 결국 멸망하고 맙니다. 발해를 멸망시킨 거란은 발해 지역에 동단국을 설치했지만, 동단국은 발해 유민들의 거센 저항으로 그 수도가 상경성에 있지 못하고 928년에 요양으로 옮기게 되었습니다.

이후 발해는 서경을 중심으로 '후발해', '정안국'이라는 발해 부흥 왕조가 세워져 70년 넘게 유지되다가 거란에 의해 붕괴되었고, 1116년에는 발해 유민들이 요양 지역에서 '대발해국'을 세우고 요동의 50여 주를 차지하면서 다시 부흥 운동을 벌였지만 결국 진압되어 실패하고 맙니다. 이처럼 멸망 후 200년이 지나도록 발해 부흥 운동이 일어날 정도로 발해 유민들의 독립 의식이 오랫동안 지속된 것을 알 수 있습니다.

**발해 건국자의 이름을 붙인 우리나라 군함 대조영함**
2009년에 소말리아 해적을 쫓아내는 데도 참여했어요.

| | | |
|---|---|---|
| 872년 | 대현석 1년 | 오소도가 당나라의 빈공과에서 급제하여 신라의 이동보다 위에 이름이 붙다. |
| 892년 | 대현석 21년 | 고원고가 당나라의 빈공과에 급제하다. |
| 895년 | 대위해 | 그 사이에 기록이 없고, 이해에 당나라에서 대위해에게 칙서를 내린 사실이 있으므로 대위해가 그전에 왕위에 오른 사실을 확인할 수 있다. |
| 897년 | 대위해 | 당나라에 하정사로 간 왕자 대봉예가 신라보다 윗자리에 앉기를 요청했으나 당나라가 허락하지 않다. |
| 906년 | 대위해 | 오광찬이 당나라의 빈공과에 급제했으나, 이름이 신라의 최언위보다 아래에 붙다. |

| | | |
|---|---|---|
| 907년 | 대인선 | 이해에 대인선의 존재가 확인되므로 그전에 왕위에 오른 사실을 확인할 수 있다. |
| 908년 | 대인선 | 일본의 오에아사츠나가 발해 사신 배구(33차)에게 지어 준 글에서 발해 사신을 '요수의 손님'으로 표현하다. |
| 925년 | 대인선 | 장군 신덕 등 500명의 발해 사람들이 고려로 들어오다. 이때부터 발해 사람들의 고려 망명이 시작되다. |
| 926년 | 대인선 | 발해가 거란에 의해 멸망하다. |

# 찾아보기

**ㄱ**
거란 32, 39
견고려사 목간 15
기둥 받침 장식 20, 27

**ㄴ**
남북국 시대 5, 36
니콜라예프카 성터 11

**ㄷ**
다라니경 14
단령 28
담비 12, 29, 38, 39
답추 24
대광현 32
대조영 4, 36
돌사자 23
동모산 4, 30, 36

**ㅁ**
마리야노프카 성터 10
무왕 7, 8, 36, 37
문왕 6, 7, 9, 30, 31, 36, 37
문자 16

**ㅂ**
발해고 5, 33
발해사 목간 15
배정 16
빈공과 9, 12, 38

**ㅅ**
사유관음입상 18
삼국사기 13, 33
삼릉둔 2호 무덤 22
삼채 20
상경성 6~8, 10, 23, 30, 37, 39
석등 23, 27
솔빈부 12, 38
수막새 21, 27

**ㅇ**
양태사 16, 17
연호 9, 37
영광탑 19
온돌 27
옹성 10
용면와 20
우수리스크 11, 12, 38
유득공 5, 33
이불병좌상 18

**ㅈ**
장문휴 8, 36
전돌 27
전불 19, 21
정혜공주 16, 17, 23, 30
정효공주 9, 16, 22~24, 28, 31
주자감 17

**ㅊ**
청해토성 13
치 10
치미 27

**ㅋ**
크라스키노 24, 34, 35

**ㅌ**
타구 25

**ㅎ**
함화 4년명 비상 15, 38
해동성국 9, 37
홍개호 26